Y. 5492.
M. S.

Ye   9940

LA VOIX
DES PAUVRES,
ÉPITRE AU ROI,
SUR L'INCENDIE
DE L'HOTEL-DIEU.

Par M. MARMONTEL, Historiographe de France, l'un des Quarante de l'Académie Françoise.

Vendue au profit des PAUVRES.

A PARIS,

Chez VALADE, Libraire, rue Saint-Jacques, vis-à-vis celle des Mathurins.

M. DCC. LXXIII.

PRÉFACE.

CE n'eſt pas ſeulement le vœu des Pauvres, mais le vœu du Public, celui des Magiſtrats, celui de l'adminiſtration de l'Hôtel-Dieu qu'on a exprimé dans cette Epitre.

Il eſt des maux que tout le monde voit, & dont tout le monde gémit, mais auxquels il eſt ſi difficile de porter remede, qu'à moins de quelque évenement qui vienne forcer les obſtacles, on n'oſe penſer à les vaincre, & on cede à ce qu'on appelle une cruelle néceſſité.

En 1651, l'adminiſtration de l'Hôtel-Dieu, à la tête du compte qu'elle rendoit au Public, préſenta un tableau touchant de la ſituation des Malades. Cela fit quelque ſenſation, mais n'opera aucun changement.

L'incendie de ce même Hôtel, en 1737, fit penſer encore un moment à la faute qu'on avoit faite, de placer au centre de Paris, dans l'endroit le plus reſſerré, un Hôpital qui devoit recevoir tous les Pauvres malades de cette Ville immenſe, & qui, pour cela, demandoit un grand eſpace, & un air libre : on ſouhaita qu'il fût poſſible de le placer ailleurs, mais on ne fit que le ſouhaiter; & rien

A ij

n'ayant changé depuis, il a péri à l'Hôtel-Dieu plus de quatre-vingt mille Citoyens (1) qu'on auroit sauvés en changeant leur asyle.

L'incendie du 30 Décembre 1772, a fait une impression plus vive & plus profonde. Il semble que le bandeau de l'habitude, qui laisse à peine entrevoir les vieux abus, soit tout-à-coup tombé. Non-seulement le danger du feu, pour l'un des quartiers de Paris où les rues sont les plus étroites, les édifices les plus pressés, les plus hauts, les plus combustibles, mais tous les inconvéniens attachés à cet emplacement ont soudain frappé les esprits. Le cri général a été: *Qu'on sauve les Malades, & que l'Hôpital soit brûlé!* Toutes les voix se sont réunies pour demander qu'on bâtît un nouvel Hôtel-Dieu, hors de la Ville & dans un lieu sain. Un grand nombre de Citoyens ont même offert le décuple de leur aumône, si cela étoit décidé.

D'où peut venir, dans l'intervalle de trente-cinq

―――――――――――

(1) Il meurt tous les ans huit mille Malades à l'Hôtel-Dieu, dont il seroit très-possible de sauver le tiers.

A la Charité de Paris, il ne meurt qu'un neuvieme.

A l'Hôpital de Versailles, qu'un neuvieme dans la salle des Pauvres, & qu'un trentieme dans celle de la livrée.

A l'Hôtel-Dieu de Lyon, qu'un huitieme.

Et à l'Hôtel-Dieu de Paris, un sixieme.

années, cette différence de zele ? C'est qu'à mesure que les esprits s'éclairent, les ames s'attendrissent; que les sentimens d'humanité suivent le progrès des lumieres; que la Nature reprend ses droits en même-tems que la raison; que plus l'homme apprend à penser, mieux il connoît le prix de l'homme; que l'intérêt particulier mieux entendu, remontant vers sa source, se rapproche du bien public & de l'intérêt général; qu'enfin les principes de la société, plus développés & mieux approfondis, nous rendent plus chers & plus sacrés tous les Membres qui la composent.

Mais quoique ce zele si tendre se soit manifesté dans toutes les classes de Citoyens, ne dissimulons pas que l'exemple en a été donné par les personnes recommandables qui président à l'ordre public. Tant que l'incendie a duré, qu'il a menacé de s'étendre, le Sacerdoce, le Militaire, la Magistrature, la Police, l'Ordre municipal ont vû leurs Chefs occupés jour & nuit, sans relâche, les uns à faire secourir les malheureux qui périssoient; les autres à leur procurer des asyles & des secours. L'Eglise de Notre-Dame a été leur premier refuge. C'est au pied des Autels que la Charité a offert à la Religion le spectacle le plus digne d'elle, une foule d'hommes empressés à servir & à soulager leurs semblables; tandis qu'au dehors, une multitude encore plus généreuse, se dévouant au bien public, exposoit sa vie au milieu des flammes, pour en arrêter les progrès.

Les étrangers, témoins de ces effets d'une Police sans exemple, ont avoué que partout ailleurs, un pareil incendie eût fait les plus affreux ravages, & que dans aucun pays du monde on n'eut fait, pour le salut des Pauvres, de plus incroyables efforts.

Mais le zele ne s'est pas borné au soin de les sauver & de les secourir. Revenu du premier effroi que l'incendie avoit causé, on a réfléchi sur les maux plus constans où leur situation les expose, & tout un Peuple s'est écrié qu'il falloit bâtir l'Hôtel-Dieu au-dessous de Paris, dans un espace libre où le Malade pût respirer.

Il n'est personne qui ne frémisse d'horreur & de pitié, en voyant au milieu d'une Ville opulente un Hôpital où les Malades sont quatre dans un même lit (1). La seule idée de l'incommodité que les angoisses, les cris, les plaintes de ces malheureux, leur causent réciproquement; de l'impossibilité de reposer un seul instant, l'un à côté de l'autre; du tourment de cette infomnie, dans un état où la Nature accablée & souffrante appelle le sommeil; cette seule idée est épouventable. L'homme robuste & sain ne résisteroit pas à une épreuve si violente ;

_____

(1) Souvent six, & quelquefois huit; quelquefois même les lits sont à deux étages, & sur l'impérial, on établit une seconde couche de Malades. Effroyable nécessité !

aussi voit-on les femmes qui, en pleine santé, vont faire leurs couches à l'Hôtel-Dieu, par la seule incommodité d'être six dans un lit, y tomber dans une langueur souvent mortelle pour elles-mêmes, plus souvent encore pour leur fruit.

Mais combien plus effrayant doit être le tableau de ce mélange d'infirmités & de souffrances où se rassemblent la frayeur, le dégoût, la compassion mutuelle, & l'image toujours présente de l'agonie & de la mort ? Les Pauvres de Paris sont tous persuadés qu'on ne les porte à l'Hôtel-Dieu que pour souffrir & pour mourir: aussi les a-t-on vus cent fois, privés de tout secours dans leur misérable demeure, frémir au nom de ce réfuge, & conjurer ceux qui le leur proposoient, de les laisser expirer en paix. Mais lorsque la nécessité force le Malade à s'y rendre, sa femme, ses enfans, jettent les mêmes cris que si on le portoit au tombeau.

Ce n'est pas que tous les secours n'y soient prodigués aux Malades. Les remèdes, la nourriture, y sont excellens, & en abondance ; toutes les ressources de l'art y sont employées ; des femmes, dont la piété anime le zele & soutient le courage, ces femmes vraiment fortes, veillent sans cesse pour le service & le soulagement de ces malheureux, pour lesquels rien n'est épargné (1). Le

―――――――――――――――――――――――

(1) La dépense des Malades, y compris ceux qui meu-

A iv

manque d'espace, le mauvais air, le trop petit nombre de lits, sont les seuls vices d'un établissement si précieux à l'humanité, & qu'ils ont rendu si funeste (1).

Il ne faut pas croire que l'habitude ait endurci le cœur des hommes respectables, auxquels l'administration de l'Hôtel-Dieu est confiée : témoins des maux dont nous gémissons, ils en gémissent comme nous ; mais quand il s'agit d'y remédier, les difficultés se multiplient, l'opinion les exagere, la prétendue impossibilité de les vaincre produit le découragement. Cependant à quoi se réduisent ces difficultés effrayantes ?

---

rent, ne monte, par tête, l'un dans l'autre, qu'à 25 liv. à l'Hôtel de la Charité ; & à l'Hôtel-Dieu, où il en meurt un tiers de plus, elle monte, par tête, à 50 livres.

(1) Un seul fait va prouver combien la salubrité de l'air sauveroit de Malades. L'incendie du Petit-Pont, en 1718, consuma quatre maisons, qui n'ont pas été rebâties. Cet espace libre donna un courant d'air à l'Hôtel-Dieu ; & depuis cette époque, on a observé que le nombre des Malades étant le même, il en est mort par an quatre cents de moins. Ainsi en cinquante-quatre ans, ce courant d'air a sauvé la vie à plus de vingt mille Citoyens. Des personnes dignes de foi tiennent ce fait de feu M. l'Abbé d'Agoult, Doyen du Chapitre de Notre-Dame, lequel, en cette qualité, étoit à la tête de la direction spirituelle de l'Hôtel-Dieu.

La crainte que, si l'Hôtel-Dieu n'est plus au centre de Paris & à côté de la Cathédrale, la charité qui le soutient ne se ralentisse, est une crainte vaine. Dans toutes les grandes Villes de l'Europe, dans toutes celles du Royaume les Hôpitaux subsistent, & on les a placés le plus commodément possible, sans faire aux Citoyens l'injure de penser qu'il fallût mettre sous leurs yeux l'objet de leur compassion. Veut-on savoir ce qui glace & rebute la charité ? C'est de se dire : *Quoique je donne, les Pauvres n'en seront pas mieux, & n'en mourront pas moins.*

Mais on demande, *où placer l'Hôtel-Dieu ?* où le placer ? Par-tout où les Malades pourront avoir un espace assez vaste, des eaux saines, & un air pur. N'a-t-on pas trouvé où placer les Invalides, les casernes, & tant de monumens de la piété de nos Rois ? L'Hôpital S. Louis, si l'air y étoit plus sain & les eaux plus abondantes, s'agrandiroit à peu de frais. Mais cette plaine de Grenelle, que la Seine arrose, & où sont placés le berceau & le tombeau de nos guerriers, seroit-elle deshonorée d'être aussi le refuge des pauvres Citoyens ?

La seule difficulté sérieuse est l'article de la dépense. Mais S. Sulpice a été bâti, l'Ecole Militaire a été bâtie, Ste. Genevieve va bientôt l'être ; & les dépenses de ces édifices n'ont point été un fardeau pour l'Etat. *Ils ont été élevés bien lentement,* peut-on me dire encore. Mais qu'un fonds annuel & solide soit consacré à la construction du nouvel Hôtel-Dieu, & qu'on propose des actions pour le remboursement successif des avances; j'ose croire que ce moyen de venir au secours des Pauvres sera saisi avec ardeur.

Au surplus, sans compter la valeur réelle des bâtimens & du terrein qu'ils occupent actuellement, ils ont encore une ressource. Une partie des revenus de l'Eglise est destinée à élever des Temples ; la réserve des économats y est employée spécialement : or, dans l'esprit de la Religion, n'est-ce pas un Temple que l'asyle des Pauvres ?

Enfin, quelque difficulté qu'on oppose à la construction du nouvel Hôtel-Dieu, la situation de celui-ci est tous les ans la cause de la mort de près de trois mille Citoyens; & à quelque prix que ce soit, il faut sauver tant de milliers d'hommes.

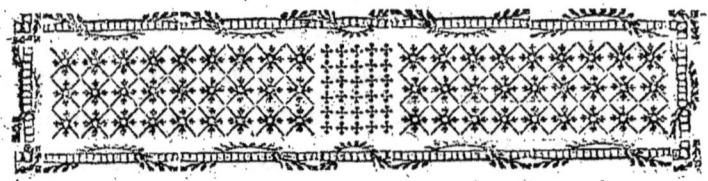

LA VOIX DES PAUVRES.

ÉPITRE AU ROI,

SUR

L'INCENDIE DE L'HOTEL-DIEU.

TU te souviens, grand Roi, de ce jour d'allegresse,
Où tu vis de ton Peuple éclater la tendresse,
Quand du bord du tombeau par nos vœux rappellé,
Tu rendis l'espérance à l'État désolé,
Et qu'à la douleur sombre où tomboit cet Empire,
Succéda de l'amour le plus touchant délire;
Tu t'en souviens : jamais peut-il être oublié,
Ce beau jour qu'à LOUIS Titus eût envié ?

Hé bien, dans ces transports où l'ame se déploie,
Au milieu des éclats de la publique joie,

En traversant ces murs étincelans de feux,
D'où s'élevoient au Ciel notre encens & nos vœux,
Qui t'attendrit le plus ? ou l'élite brillante
Des Citoyens heureux d'une Ville opulente ;
Ou ce Peuple accourant, à flots amoncelés,
Au-devant des coursiers à ton char attelés ?

Ah ! de ce Peuple obscur, qui n'a rien à prétendre,
L'Amour bien plus naïf, est aussi bien plus tendre !
Et de cet Amour pur les gages solemnels
Firent couler des pleurs de tes yeux paternels.

C'est au nom de ces pleurs que ce Peuple t'implore.
Son asyle est détruit ; la cendre en fume encore ;
Mais, s'il ose à tes pieds l'avouer en secret,
Il l'a vu consumer, & l'a vu sans regret (1).

Quoi ! de la piété ce monument célebre!........
Ce monument n'étoit qu'une prison funebre,
Du Pauvre languissant sépulcre anticipé,
Des voiles de la mort toujours enveloppé.

Permets que l'Indigence, à souffrir destinée,

───────────────────────────
(1) Dans l'espérance d'un meilleur asyle.

T'apprene à quel supplice elle étoit condamnée.
O toi qui fus bon, même envers tes ennemis,
Regarde tes Sujets, tes Enfans, & frémis.
Dans un lit de douleur, où leurs cris se répondent,
Où d'un soufle mortel les vapeurs se confondent,
Viens les voir entassés, les mourans sur les morts,
L'un, d'un affreux délire éprouvant les transports,
L'autre, qu'un feu plus lent auprès de lui consume,
Ceux dont le cœur se glace, ou dont le sang s'allume,
Tous respirant un air qui, chargé de poison,
Est d'un gouffre empesté l'horrible exhalaison.
Sur son lit, près de lui, dans ses bras, à toute heure,
Chacun d'eux voit mourir, en attendant qu'il meure,
Cherche en vain dans ses maux un pénible sommeil,
Ou ne dort qu'en rêvant aux horreurs du réveil.

 Tel est, grand Roi, tel est ce refuge effroyable.
De nos calamités, c'est la plus incroyable;
Mais Paris, qui la voit, l'atteste en gémissant.
Tu l'ignorois. Jamais ton cœur compatissant
N'eût souffert ces horreurs dont frémit la Nature,
Et dont ce n'est ici qu'une foible peinture.
Le Ciel enfin permet que ces murs ténébreux
Tombent, pour nous venger, dévorés par les feux;

Et le Pauvre échappé de cet affreux repaire,
Du milieu des débris tend les bras vers son pere.

Accorde à nos douleurs un afyle, où du moins
Ton Sujet, en mourant, puisse bénir tes soins.
Un Roi juste suffit à l'Opulent paisible ;
Mais le Pauvre a besoin d'un Roi tendre & sensible.
Tu l'es ; nous le savons. Fais-nous donc respirer.
Que sans horreur du moins nous puissions expirer.
Nous chérirons le regne où le Ciel nous fit naître ;
Et nos derniers soupirs seront pour notre Maître.

Hélas ! un bruit affreux se répand : on nous dit
Que de l'opinion le funeste crédit
Nous condamne à rentrer dans ces prisons infectes ;
Que sa voix à la Cour rend nos plaintes suspectes ;
Qu'à prolonger nos maux le faux zele attaché,
Craint, s'ils sont moins cruels, qu'on en soit peu
  touché,
Et dit qu'en nous voyant dans un plus doux afyle,
On n'auroit plus pour nous qu'une pitié stérile.
Charité meurtriere, à quel prix, juste Dieu !
Tu nous vendrois tes dons dans ce funeste lieu !

Non, François: loin de nous cette crainte odieuse.
Pour vous, pour la Nature, elle est injurieuse.
La piété publique aujourd'hui la dément.
Ne vois-tu pas, grand Roi, Paris, dans ce moment,
A pleines mains sur nous répandre ses largesses ?
Mais quand nous périrons au milieu des richesses,
Qu'aura servi le zele ? & d'un air infecté,
L'opulent Citoyen sera-t-il respecté ?
Et la contagion de nos murs exhalée,
Et dans l'eau salutaire une peste mêlée,
Et d'un impur limon tout un Peuple abreuvé,
Et tout ce Peuple enfin justement soulevé
Du danger volontaire où sans cesse on l'expose,
Ne font-ils pas trembler la voix qui t'en impose ?
Cruels ! de la Nature épargnez les bienfaits.
Une eau saine, un air pur, sont des dons qu'elle a faits
Au Riche, à l'Indigent, à tout ce qui respire.
Rends-nous ces biens, Grand Roi. Que ton auguste Empire
Par cet excès de maux cesse d'être souillé.
De défense & d'appui le Pauvre est dépouillé:

Ses larmes, & ton cœur, font sa seule espérance;
Entends nos foibles voix, cede aux vœux de la France,
Et proscris cet abus, pire que les fléaux,
D'entasser les vivans dans de vastes tombeaux.

FIN.

www.ingramcontent.com/pod-product-compliance
Lightning Source LLC
Chambersburg PA
CBHW070458080426
42451CB00025B/2790